Sticotti et Labbet de Morambert

LE CARNAVAL D'ÉTÉ,

OU

LE BAL AUX BOULEVARDS;

PARODIE

DU CARNAVAL DU PARNASSE;

Par Messieurs ***

Représentée pour la premiere fois par les Comédiens Italiens Ordinaires du Roi, le 11 Août 1759.

Le prix est de 24 sols avec la Musique.

A PARIS,

Chez N. B. DUCHESNE, Libraire, rue S. Jacques, au-dessous de la Fontaine S. Benoît, au Temple du Goût.

M. DCC. LIX.

Avec Approbation & Privilége du Roi.

ACTEURS.

LUDIBRIUS, *Poëte des Boulevards*,	M. Champville.
FLORIMOND, *Financier*,	M. Rochard.
JULIE, *Actrice des Remparts*,	Mde. Favart.
MARIANNE, *Bourgeoise*,	Mlle. Desglands.

LE CARNAVAL D'ÉTÉ,

PARODIE DU CARNAVAL DU PARNASSE.

Le Théâtre représente les Boulevards.

SCENE PREMIERE.

LUDIBRIUS *seul.*

ARIETTE. Notée N°. 1.

De la Cour & de la Ville
C'est ici le rendez-vous ;
On rassemble en cet asile
Grands & Petits, Sages & Fous ;
Venez-y tous, venez-y tous.

De mille Beautés charmantes
Les parures éclatantes
Nous donnent les plus beaux jours ;
Quand la nuit étend ses voiles,
A la clarté des étoiles
On voit naître les amours.

De la Cour & de la Ville, &c.

Mon penchant à parler mal m'a déterminé à être Auteur. Cette Julie, cette Actrice inimitable, cette Thalie des Boulevards, m'a engagé à faire des Parades : cela me donne de la vanité ; car j'y attire plus de monde que les spectacles les plus en vogue. Mais j'apperçois Florimond, Poëte aussi riche que doucereux.

SCENE II.

LUDIBRIUS, FLORIMOND.

LUDIBRIUS.

Air : *Pour passer doucement la vie.*

Un financier devroit-il être
Sous l'habit d'un garçon Marchand,
Tandis que chacun veut paroître
Beaucoup au-dessus de son rang ?

FLORIMOND.

Mon cher Ludibrius, l'aimable Marianne n'oseroit me parler, si elle sçavoit qui je suis; pour ne point l'effaroucher, je lui cache mon état. Ne suis-je pas bien déguisé ?

LUDIBRIUS.

Air : *Rien n'est pire que l'eau qui dort.*

Vous avez l'air un peu trop Petit-Maître,
Ce n'est pas là déguiser votre état :
Vous seriez moins facile à reconnoître
Sous l'équipage d'un soldat.

FLORIMOND.

ARIETTE.

Je ris de tes propos,
Loin d'en être en colere :
Sur tous les livres nouveaux
Tu répands ta bile amere,
Et cependant
En t'efforçant,
En travaillant
Obstinément,
Tu n'en pourois faire autant.

Sur ton ame mercénaire
L'intérêt est tout-puissant :
Son merveilleux ascendant
Conduit ta langue de vipere ;
L'argent te fait parler, & l'argent te fait taire.

Je ris de tes propos, &c.

LUDIBRIUS.

Pardonnez moi, Monsieur, c'est moins noirceur chez moi, que mauvaise habitude ; je vous rends justice ainsi qu'à vos pareils.

ARIETTE.

Oui, je respecte la finance,
Elle est en France
Sur le grand ton.

Sans son opulence
Qui les récompense,
Les enfans d'Apollon
Seroient dans l'indigence.

Oui, je respecte la finance,
Elle est en France
Sur le grand ton.

C'est à sa magnificence
Que des Arts on doit l'excellence ;
Sa noble profusion
Bannit à jamais l'ignorance.
Oui, je respecte, &c.

FLORIMOND.

Tu dis du bien ! mais tu n'es pas reconnoissable ! Je t'en suis obligé ; car c'est la premiere fois de ta vie que cela t'arrive.

LUDIBRIUS.

Ce stile ne vous va point ; tenez vous-en au Phoebus, Vous me trouvez méchant, parce que vous n'avez pas l'esprit de l'être : au reste vous pouvez vous réjouir.

FLORIMOND.

Le lieu & la saison le permettent ; j'y veux même donner des fêtes.

Air : *Quel plaisir d'avoir à mon âge.*

Oui, sur ces Remparts admirables,
Des concerts y seront agréables ;
Et le jour tombé, sans plus attendre,
J'en veux donner un chez Alexandre.

Et même un bal.

LUDIBRIUS.

Vous serez en regle. C'est la mode cette année d'annoncer la danse par un concert.

Air : *Ma petite, ma mie, ô lire, ô la, &c.*

Sans doute on y verra (*bis.*)
Votre petite amie, ô lire, ô lire,
Votre petite amie, ô lire, ô la.

FLORIMOND.

Même air.

Sans doute y dansera (*bis.*)
Ta petite Julie, ô lire, ô lire,
Ta petite Julie, ô lire, ô la.

Elle va te charmer, Ludibrius ; qu'en penses-tu ?

LUDIBRIUS.

Air : *Qu'elle a de gentilleſſe.*

Ah! qu'elle a d'élégance!
Que d'aplomb dans ſes ſauts!
Ses bras ſont ſans défauts,
Ils ſont nobles & beaux;
Un ſeul pas de ſa danſe
Vaut tous vos Madrigaux.

FLORIMOND.

Air : *Un Cordelier, un Avocat.*

Ludibrius aime trop la ſatire;
Qu'il prenne garde à lui.

LUDIBRIUS.

Si je n'avois le plaiſir de médire,
Je périrois d'ennui.
Que je ſuis gai, quand ſur quelqu'un je tire!
Je veux toujours rire,
Moi,
Je veux toujours rire.

FLORIMOND.

Ris donc tant que tu voudras : c'eſt le propre d'un fou de toujours rire. Mais voyons qui de nous deux ſera le plus heureux.

LUDIBRIUS.

A propos de quoi, puiſque nous ne ſommes pas rivaux?

FLORIMOND.

Air : *La Besogne.*

J'apperçois venir en ces lieux
L'objet le plus cher à tes yeux ;
Et comme je suis fort honnête,
Je vais vous laisser tête à tête.

LUDIBRIUS.

Je vous remercie de votre politesse ; à charge de revanche.

SCENE III.

LUDIBRIUS, JULIE.

JULIE.

Air : Noté No. 2.

C'Est ici qu'est la Voliere
Des jeunes Etourneaux.
Venez, Beauté minaudiere,
Venez rendre vos panneaux.
C'est ici, &c.

Bourgeois à noble maniere,
Commis faisant le gros dos.
C'est ici, &c.

Courtauts, donnez-vous carriere ;
Brillez, gentils petits badeaux.
C'est ici, &c.

Robins à tête légere,
Abbés pleins de Madrigaux.
C'est ici, &c.
Jolis Damerets,
Petits objets,
Colifichets,
Pour venir chez nous, vous êtes faits;
Freluquets,
Plumets,
Vrais perroquets,
Tous indiscrets,
Venez vous prendre dans nos filets:
C'est ici qu'est la Voliere
Des jeunes Etourneaux.

Air: *Chantez, petit Colin.*

Sans cesse en ce séjour
Vous aimez à vous rendre.

LUDIBRIUS.

Attiré par l'Amour,
J'y suis la nuit comme le jour.
De l'ardeur la plus tendre
Je ne puis me défendre.
Pour vous voir, je crois,
Je viendrois cent fois
Du pays Chinois.

JULIE.

Air: *De M. Gavigniés.* Noté No. 3.

Un amant, par ses sermens,
Nous promet des plaisirs charmans.
Il est persuasif,
Galant, expressif,
Toujours actif.

Est-on moins sévere :
Il ne fait plus d'effort pour plaire ;
Cet amant est vif,
Tendre & captif,
Tant qu'il espere :
Heureux, il devient pensif,
Et froid comme un récitatif ;
Tous ses beaux sentimens
Mis en bâillements,
Sont des fragmens.

LUDIBRIUS.

Air : *Ne v'là-t-il pas que j'aime ?*

Vos beaux yeux sçavent tout charmer :
Quand pour vous je soupire,
Je ne pense qu'à vous aimer,
Et jamais à médire.

Air : *Comme un oiseau.*

Avant de vous voir, ma Julie,
J'avois juré toute ma vie,
D'être garçon.
Répondez à ma vive flâme ;
Dès l'instant je vous prends pour femme.

JULIE.

Chanson, chanson.

LUDIBRIUS.

Je ne badine point, & c'est tout de bon que je vous épouserois.

JULIE.

Je vous crois ; mais je n'ai pas de bien.

LUDIBRIUS.

Ni moi, je n'ai que de l'esprit.

JULIE.

En ménage il faut plus de l'un que de l'autre.

LUDIBRIUS.

Quand on s'aime bien, on en a toujours assez.

ARIETTE.

Quand sans amour on fait un choix,
Quand par intérêt on se lie,
Au bout d'un mois
On sent que l'on s'ennuye,
Et l'on se dit plus d'une fois :
J'ai fait une folie.
Mais si l'on prend
Par sentiment
Une fillette,
Jeune & bien faite;
Et qu'après l'engagement
On demeure encore amant,
Sans cesse l'on chante,
D'une ame contente :
L'hymen est un nœud charmant.

JULIE.

Vous pensez bien.

LUDIBRIUS.

Pensez de même.

JULIE.

Mais...

LUDIBRIUS.

Mais, décidez de mon ſort.

Air : *Quand le péril eſt agréable.*

Quelle cruelle incertitude !
Pour prix de ma fidelité,
Tirez mon eſprit agité
De ſon inquiétude.

JULIE.

Même air.

De ſon mérite un Petit-Maître
Croit que notre cœur eſt charmé;
Qui craint de nêtre pas aimé,
Mérite bien de l'être.

LUDIBRIUS.

Air : *N'oubliez pas votre houlette.*

Vous aimez ! quel bonheur extrême !

JULIE.

Oui, j'aime.

LUDIBRIUS.

Eſt-ce une vérité?
De plaiſir je ſuis tranſporté,
Et je me ſens hors de moi-même.
Vous aimez ! quel bonheur extrême !

JULIE.

Oui, j'aime,
J'aime .... ma liberté.

LUDIBRIUS.

Vous n'êtes pas d'un état à vous attacher; allez, je badinois.

Air : *C'est ma devise.*

Nous nous trompions également,
Belle fillette.
Je n'aime point, quoiqu'inconstant,
Une Coquette.
J'imite dans ce moment-ci
Votre franchise.
A trompeur, trompeur & demi ;
C'est ma devise.

JULIE.

Vous êtes piqué ! vous êtes amoureux.

ARIETTE.

Un Renard de la Garonne,
Dans son chemin,
Voyoit de fort beau raisin :
Malgré sa faim gloutonne,
Il falloit trop grimper ;
Il ne put l'attraper.
Perdant patience ;
Fi, dit-il, d'un air fier,
Pour Renard de mon importance,
Ce raisin est trop verd.

LUDIBRIUS.

Je ne suis pas de son goût ; je n'aime pas le fruit trop mûr.

ARIETTE.

Une jeune hirondelle,
Vive, légère & belle,

Charmoit tous les oiseaux ;
Chaque jour mille amans nouveaux
Soupiroient pour elle ;
Mais la cruelle
Rioit de leurs maux.
Elle passa le bel âge
A dédaigner tous les cœurs.
A la fin l'Amour l'engage ;
Mais trop tard de ses ardeurs
Elle cherche les douceurs :
Quand son ame n'est plus volage,
Ses yeux n'ont plus d'adorateurs.

JULIE.

Epargnons-nous, Ludibrius.

LUDIBRIUS.

Entre Auteurs & Comédiens cela est assez difficile ; je vais songer au divertissement que j'ai promis à Florimond.

JULIE.

Et moi à quelque mascarade pour le Bal qu'il donne ce soir.

(Ils sortent.)

SCENE IV.

MARIANNE *seule.*

Air : *Suivons les loix qu'Amour.*

De mon Amant
Le chant
Dans ce séjour m'attire :
Mais sa douceur,
N'attendrira jamais mon cœur.

L'Amour qui l'inspire.
Accorde aussi sa lyre :
Ah ! pour me séduire,
Il prend en vain ce trait flatteur.

De mon Amant, &c.

ARIETTE.

Malgré ma résistance,
Amour, à ta puissance,
Mon cœur seroit-il attaché ?
A-t-il encor sa premiére innocence ?
Et cet enfant qu'à Cythere on encense,
Seroit il caché
Sous les traits de l'indifférence ?
Malgré ma résistance, &c.

Cachons

Cachons à Ludibrius le sujet qui m'attire ici ; il n'en feroit que badiner.

SCENE V.

MARIANNE, LUDIBRIUS.

MARIANNE.

AIR : *Monsieur la Palisse est mort.*

Venez vous en ces beaux lieux,
Exercer l'art de médire ?

LUDIBRIUS.

Où peut-on se trouver mieux,
Quand on aime la satyre ?

ARIETTE.

Tantôt je me plais aux remparts,
Tantôt j'y frémis de colere.
Dans une voiture légere,
Je vois le plus sot des richards,
En triomphe, aux boulevards,
Mener une aventuriere ;
Tandis qu'à pied j'avale la poussiere.
Tantôt je me plais aux remparts,

Tantôt j'y frémis de colere.
Malgré les brouillards,
D'amoureux vieillards
Y passent la nuit entiere :
De jeunes étourdis, volant dans la carriere ;
Sont tout-à-coup repoussés en arriere,
Et de leurs fragiles chars,
Bien-tôt les débris épars,
Aux rieurs donnent matiere
De lancer mille brocards.
Tantôt je me plais aux remparts,
Tantôt j'y frémis de colere.

MARIANNE.

Quel champ pour exercer votre langue !

AIR : *Pour la Baronne.*

Votre imprudence
Peut vous jouer d'un mauvais tour ;
On déteste la médisance,
Et l'on pourroit punir un jour
Votre imprudence.

LUDIBRIUS.

Quand il s'agit de m'attaquer, on y regarde à deux fois.

AIR : *Lucas se plaint que sa femme.*

On respecte sur la terre
L'équitable Magistrat ;

Et le brave Militaire
Est redoutable au combat :
L'Auteur, Madame,
Est le plus craint de l'Etat,
Par l'Epigramme.

En riant je me fais respecter.

MARIANNE.

Détester, & vous diriez mieux. Mais à propos de rien, parlons de vos amours ; aimeriez-vous une Comédienne ?

LUDIBRIUS.

Oui-dà, je suis esclave de la mode.

MARIANNE.

Ce n'est pas assez : il faut être en état de la suivre ; vous courez plus après l'esprit qu'après la fortune, & une fille de théâtre naturellement cherche plus l'un que l'autre.

LUDIBRIUS.

Vous avez raison.

MARIANNE.

ARIETTE.

Fussiez-vous sur le Parnasse,

Plus grand que Milton & le Tasse;
Eussiez-vous plus d'esprit qu'Horace,
Pour former un tendre lien,
Tout cela ne sert de rien.

Montrez vous en grand étalage;
Ayez un brillant équipage,
Qui dans Paris fasse tapage,
Votre sort sera plus doux:
Vous dompterez la plus sauvage;
Vous enchaînerez la volage,
Et tous les cœurs seront à vous.

LUDIBRIUS.

Je crains de ne vous pas être aussi agréable que celui qui arrive; à mon tour, je lui céde la place.

SCENE VI.

MARIANNE, FLORIMOND.

FLORIMOND, *en entrant.*

AIR: *C'est Mad'moisell' Manon.*

EH! pourquoi m'éviter?
Charmante Marianne;
Eh! pourquoi m'éviter?

MARIANNE.

Vous pouvez m'arrêter :
Vous n'avez qu'à chanter,
Je me plais à vous écouter.
Ainsi donc à rester,
Votre voix me condamne !

FLORIMOND.

C'est trop me flatter,
Et pour pouvoir vous contenter,
Je vais m'égosiller,
Jusqu'à vous ennuyer.

ARIETTE.

Pour faire éclater les transports
Dont mon ame est ravie,
De la plus flatteuse harmonie
J'emprunte les accords.
Mais, au son de ma voix, si l'Amour ne s'éveille;
Ma tendresse doit se cacher :
Vainement je charme l'oreille,
C'est le cœur que je veux toucher.

MARIANNE.

AIR : *Badinez, mais restez-en là.*

Ne me parlez point d'amourette ;
Mais une simple chansonnette
Auprès de vous m'amusera :
Fredonnez... mais restez-en là.

FLORIMOND.

Je vais vous chanter un air à boire.

MARIANNE.

Oui, cela est fort galant pour une Dame.

FLORIMOND.

ARIETTE, notée N°. 4.

Divin Bacchus, tes enfans sont heureux,
Les vrais plaisirs ne sont faits que pour eux.
Des rigueurs d'une cruelle,
Tu sçais les dédommager;
Tu peux seul les dégager
Des chaînes d'une infidelle.

Divin Bacchus, tes enfans sont heureux.
Les vrais plaisirs ne sont faits que pour eux.

Les ardeurs les plus parfaites,
Sans toi sont sujettes
Aux tristes langueurs;
Mais si tu répands tes faveurs,
Peut-on méconnoître ta gloire;
Du Dieu qui triomphe des cœurs
Toi seul fais chérir la victoire.

Divin Bacchus, &c.

MARIANNE.

Air : *Ton humeur est Cathereine.*

C'est me faire assez comprendre
Qu'Amour seul vous fait chanter.

Comme je n'en veux point prendre,
Je crains de vous écouter.
Je sens bien qu'à vous entendre,
Mon cœur prend trop de plaisir.
Vous chantez d'un ton si tendre,
Que vous m'allez faire enfuir.

FLORIMOND.

Il faut que vous ayez la patience de m'entendre encore.

MARIANNE.

Je ne vous en réponds pas.

FLORIMOND.

C'est ici où je veux étendre le pouvoir du Dieu que vous fuyez.

MARIANNE.

Hélas! le puis-je?

FLORIMOND.

ARIETTE.

Dès la pointe du jour,
Dans les forêts on entend Philomele
Chanter les douceurs de l'Amour
A la tendre Tourterelle:
Son époux toujours fidele,
Comme un Amant fait sa cour.

Pour ne jamais quitter l'objet qui l'intéresse,
D'un vol audacieux l'Aigle parcourt les airs :
L'homme ose tout tenter, lorsque l'Amour le blesse,
Et pour y retrouver l'objet de sa tendresse,
Orphée a pénétré jusqu'au fond des Enfers.
Dès la pointe du jour, &c.

Pendant l'Ariette, Marianne se retire, sans que Florimond s'en apperçoive.

Je ne vois plus la charmante Marianne! la cruelle me fuit ; mais cette fuite est d'un bon présage : si elle étoit insensible à ma tendresse, elle ne craindroit pas de me le dire ; allons la chercher, & tâchons de la faire expliquer en ma faveur.

SCENE VII.

LUDIBRIUS *seul, en habit pareil à celui de Florimond.*

AIR : *Tout est permis en Carnaval.*

SI l'on voit Momus, sans raison,
A certain bal, qui se déguise ;
Sans craindre le qu'en dira-t-on,

J'en puis faire aussi la sottise :
Censeurs, n'en dites point de mal,
Tout est permis en Carnaval.

En attendant que le concert commence, cherchons à nous amuser. Ce déguisement, tout pareil à celui de Florimond, pourra causer quelque méprise qui me réjouira.

(Il se masque.)

SCENE VIII.

LUDIBRIUS, JULIE *habillée à la Romaine, & masquée.*

JULIE *déclamant, à part.*

OUBLIONS un moment le ton du bas Comique;
Et soutenons l'éclat d'un habit magnifique;
Il suffira lui seul pour tromper les regards,
Et je vais exiger le respect, les égards,
Qui sont justement dûs à la haute Noblesse.
Dès qu'on tient un mouchoir, on est une Princesse.

LUDIBRIUS, *à part.*

Par quel heureux hasard trouvé-je en mon chemin

Une Divinité du fauxbourg Saint Germain ?
Elle peut me venger des rigueurs de Julie,
Et je lui vais offrir toute ma poësie.
(*à Julie.*)
Madame, en vous voyant mon esprit enchanté
Soumet à vos appas mon cœur, ma liberté.
Vous sçaurez excuser cet aveu téméraire :
Sous ces habits pompeux, accoutumée à plaire,
Un amour imprévu ne vous surprendra pas.

JULIE.

Le merveilleux pouvoir de nos foibles appas
Nous expose souvent à pareille aventure.
Mais contre vos efforts la vertu nous rassure ;
Nous sçavons résister aux plus ardens desirs,
Et ne nous rendons pas à de foibles soupirs.

LUDIBRIUS.

Aux plus doux sentimens votre cœur indocile
Voudroit-il écouter une tendresse utile,
Qui peut au plus haut point élever vos talens,
Et vous placer au rang des sujets excellens.

JULIE.

Même en parlant d'amour, votre ame trop caustique,
Vient d'offenser en moi la Majesté Tragique.
Que me faut-il de plus pour charmer l'Univers ?
J'ai l'habit de *costume*, & je parle en grands vers.
Vous devez admirer ma noblesse & ma grace,

Il est vrai qu'aprésent nous tenons peu de place,
Et depuis que les bancs ont été supprimés,
Pour bien remplir la scene, il faut des gens armés.
Mais notre jeu sublime est ce que l'on admire.
Nous avons découvert une façon de dire,
Qui des siécles passés a détruit le faux goût,
Nous parlons simplement comme on parle partout;
Et cette vérité noble, majestueuse,
Etonne avec justice & paroit merveilleuse.
C'est le raisonnement qui fait le grand Acteur,
Et nous raisonnons tout, colere, amour, fureur.

LUDIBRIUS.

Je me sens enlever par ces tons admirables.
Les Acteurs d'autrefois étoient bien déplorables,
De croire qu'un Héros occupé de hauts faits,
Devoit avec grandeur peindre de grands objets,
Qu'un air noble & frappant leur étoit nécessaire,
Et qu'il falloit surtout fuir les tons du Vulgaire.
Voyez comme on pensoit! je tombe à vos genoux,
Et ne veux désormais travailler que pour vous.
Du Public enchanté vous aurez le suffrage,
Trois grands rôles par an seront votre partage.
Tous les Comédiens en seront désolés;
Et vous reconnoîtrez mes soins, si vous voulez.

JULIE.

Mais d'un stile élevé sçavez vous la rubrique?
Pourrez-vous bien atteindre à ce ton magnifique,
Dont l'éclat enchanteur charme tout aujourd'hui;
Et de notre Théâtre est le plus ferme appui?
Il faut que d'un Auteur la plume hérissée,

Sçache orner de grands mots la plus foible pensée ;
Et saisir le brillant d'un vers impétueux,
Tel qu'on peint les Titans armés contre les Dieux.
Ah ! je tremble, Seigneur, que cette promenade
N'ait formé votre stile au ton de la Parade.

LUDIBRIUS.

Parlez avec respect du genre le plus beau
Qui soit jamais sorti d'un comique cerveau.
La Parade aujourd'hui, plus que la Tragédie,
Est des vrais connoisseurs justement applaudie ;
Elle ne brille point d'un éclat emprunté,
Et doit toute sa gloire à sa simplicité.
C'est le vrai naturel qu'elle vous représente :
Aussi dans les plaisirs d'une fête galante,
On écoute Corneille & Racine en bâillant,
Tandis que la Parade est le morceau brillant.
A bien saisir son genre en tous lieux on s'applique,
On l'écrit même en vers, on la met en musique ;
C'est elle qui triomphe : un ouvrage amusant
Est des travaux d'esprit le plus rare à présent ;
Des hommes consommés c'est le vrai privilége,
Et l'on fait du Tragique au sortir du Collége.

JULIE.

Mais, Seigneur, est-il bon ?

LUDIBRIUS.

Oui, puisqu'on l'applaudit.
Qu'a-t-on à désirer, lorsque l'on réussit ?
La Cabale en un coin vainement s'inquiette,
Tout demande l'Auteur, & sa gloire est complette.

JULIE.

Travaillez donc, Seigneur; mais souvenez-vous bien
Que, pour parler aux yeux, il faut n'épargner rien.
Ayez soin qu'un poignard, prêt à frapper, s'arrête:
Si d'un jeune héros on menace la tête,
Qu'une armée à propos lui prête son secours:
Pour sauver le Tyran & préserver ses jours,
Que sa Garde paroisse & se mette en défense;
Qu'on prenne un bouclier, qu'on s'arme d'une lance,
Qu'on reste sans parler en formant le tableau,
Plus on le fait durer, & plus il paroit beau.
C'est par cet art divin qu'on arrive au sublime,
Et le nouveau Tragique est tout en Pantomime.

LUDIBRIUS.

Je me sens animer de cette vive ardeur,
Qui d'un heureux succès présage la douceur.
Aidé de vos talens je puis tout entreprendre;
Au Théâtre François la foule va se rendre,
Pour voir ce jeu divin dès longtems admiré....

JULIE.

Ah! ne vous perdez pas dans un éloge outré;
Aux tragiques grandeurs je ne suis qu'aspirante.

LUDIBRIUS.

Tant mieux; pour réussir, vive une Débutante.
Les Acteurs anciens, à la fin trop connus,

Perdent de leur mérite à force d'être vûs.
Mais un ſujet nouveau nous emeut & nous pique,
Pour lui le ſpectateur abjure la critique.
La jeuneſſe eſt un fard par qui tout s'embellit :
A-t-elle de grands yeux ? on y voit de l'eſprit.
Sa taille eſt-elle fine ? on admire ſon geſte.
La touchante beauté tient lieu de tout le reſte,
Et le Public pour vous bientôt frappé d'amour,
Applaudit les talens que vous aurez un jour.

JULIE.

Déjà l'ambition s'empare de mon ame :
Démaſquez-vous, Seigneur..

LUDIBRIUS.

Démaſquez-vous, Madame.
Que vois-je ? c'eſt Julie !

JULIE.

Oh ! ciel ! Ludibrius !
Je ſuis bien attrapée....

LUDIBRIUS.

Et moi je ſuis confus.

DUO.

LUDIBRIUS.

Quoi ! c'eſt vous, grande Princeſſe !

JULIE.

Quoi ! c'eſt vous, ſublime Auteur !

LUDIBRIUS.

Votre beauté m'intéreſſe.

JULIE.

Vous triomphez de mon cœur.

LUDIBRIUS.

Grande Princeſſe.

JULIE.

Sublime Auteur.

ENSEMBLE.

Vous triomphez de mon cœur.

JULIE.

Ah ! grands Dieux, quelle aventure !

LUDIBRIUS.

Fiez vous à la parure !

JULIE.

J'aimois cet animal là !

LUDIBRIUS.

J'aimois cette Beauté-là !

ENSEMBLE.

Ah ! ah ! ah ! ah !

(*Ils sortent.*)

SCENE IX.

MARIANNE, *à* LUDIBRIUS, *qui sort, & qu'elle prend pour* FLORIMOND.

Air : *Preparons-nous pour la fête nouvelle.*

CHanterez-vous dans la fête nouvelle ?
Que vois-je ? il me fuit ! l'infidele !
Quoi ! le mépris succede à tant d'empressement !
Devois-je craindre un pareil traitement ?

ARIETTE.

Gardons-nous de faire un choix,
Fuyons de si dures chaînes ;

Sous les amoureuses loix
On n'éprouve que des peines.

D'une ardeur toujours fidelle
On espere la douceur ;
Mais on trouve dans son cœur
La douleur la plus cruelle,
Sous le masque du bonheur.
Gardons-nous, &c.

Florimond revient : que va-t-il me dire pour excuser son inconstance ?

SCENE X.

FLORIMOND, MARIANNE.

FLORIMOND.

Air : *Quoique le cœur d'une coquette.*

C'Est pour vous qu'ici tout s'apprête ;
Mais que mon sort auroit d'appas,
Si dans cette agréable fête
L'Amour seul conduisoit vos pas !

MARIANNE.

Perfide ! osez-vous me parler ?

FLORIMOND.

Air : *Menuet d'Hésione.*

O ciel ! quel est donc ce langage ?
J'aimerois une autre que vous !

C'est

C'est me faire un sensible outrage,
Quittez cet injuste couroux.

MARIANNE.

ARIETTE.

J'étois sur le point d'aimer;
Mais une autre vous engage.
Un amant volage,
Ignore l'usage
D'aimer sans partage.
Quand on veut former
Les nœuds d'un nouvel esclavage,
On perd un cœur tendre & sage
Qu'un instant pouvoit charmer.

J'étois sur le point, &c.

FLORIMOND.

Air de Bastien : *Autrefois à sa maitresse.*

L'inconstance est-elle à craindre
Dans ceux que vous enflâmez :
Non, rien ne sçauroit éteindre
Les feux que vous allumez?
Que ces yeux qui m'ont sçu plaire
S'adoucissent en ce jour;
Fermez-les à la colere,
Ne les ouvrez qu'à l'amour.
Quand on voit briller vos charmes,
Est-il un plaisir plus doux?
Un cœur qui vous rend les armes
Ne sçauroit aimer que vous.

SCENE XI. & *derniere.*

MARIANNE, FLORIMOND, LUDIBRIUS.

MARIANNE, *appercevant* LUDIBRIUS.

Air : *Il étoit un moine blanc.*

O Ciel ! quoi ! Ludibrius
Trompoit mes yeux prévenus !
Hélas ! que mon cœur regrette
L'offense qu'il vous a faite !

FLORIMOND.

Air : *Messieurs, si pour vous satisfaire.*

Vous avez craint par modestie
De répondre à ma vive ardeur ;
Mais malgré vous la jalousie
Vient de dévoiler votre cœur.

LUDIBRIUS.

Air : *Quand Malbouroug vint en France.*

N'en croyez point l'apparence,
Et connoissez votre erreur ;
C'est un homme d'importance
Qui devient votre vainqueur.
Redoutez son inconstance
Si vous faites son bonheur :
Qui déguise sa naissance,
Peut bien déguiser son cœur.

MARIANNE.

Air : *Pour passer doucement la vie.*

Son rang ne flatte point mon ame ;
Ses sentimens seuls me sont chers :
J'aime mieux sa constante flâme
Que tous les biens de l'univers.

DUO.

MARIANNE.

Pour vous, l'amour m'enflâme ;
Regnez sur mon cœur.

FLORIMOND.

A la plus vive flâme
Je livre mon cœur.

ENSEMBLE.

Qu'une éternelle ardeur
Puisse de { mon / votre } ame
Faire le bonheur.

MARIANNE.

Aux feux qu'on inspire ;
On doit le retour
D'un égal amour.

FLORIMOND.

Un cœur qui soupire
Cherche le retour
D'un égal amour.

ENSEMBLE.

Que de la même tendresse
A jamais l'amour nous blesse ;
Que nos plus constants desirs
Renouvellent sans cesse
Les douceurs de nos plaisirs.

FLORIMOND.

Entrons chez Aléxandre, le Concert va commencer.

(Le Théâtre change, & représente l'intérieur du Caffé d'Aléxandre ; on exécute un concert Italien suivi d'un bal.

N° 1.

DE la Cour & de la Ville, C'eſt i-
ci le ren- dez- vous ; On raſ- ſemble en cet a-
ſi- le, Grands & pe- tits, Sa- ges &
Fous, grands & pe- tits Sa- ges &
Fous : Venez-y tous, venez-y tous. De la
Cour & de la Ville, C'eſt i- ci le
ren-dez-vous ; On raſ- ſemble en cet a- ſi-le

Grands & pe- tits, Sages & Fous, Venez- y
tous, Ve- nez, venez- y tous. Grands & petits, Sages & Fous, Grands & pe- tits, Sa-
FIN.
ges & Fous, Venez- y tous, venez- y tous.
De mille beautés char- mantes Les parures é- cla- tan- tes Nous donnent les
plus beaux jours; Quand la nuit é- tend ses

Bourgeois à noble maniere,
Commis faisant le gros dos.
C'est ici, &c.
Courtauts, donnez-vous carriere,
Brillez, gentils petits badeaux.
C'est ici, &c.

Robins à ête légere,
Abbés pleins de Madrigaux.
C'est ici, &c.

ſif, Toujours a- ctif ; Eſt- on moins ſé- ve-
re, Il ne fait plus d'effort pour plaire : Cet a-
mant eſt vif, Tendre & ca-ptif, Tant qu'il eſ-
pere. Heureux, il devient penſif, Et froid comme
un ré- ci- ta- tif; Tous ſes beaux ſenti- mens,
Mis en baillemens, Sont des fragmens.
N° 4.
FUſſiez - vous ſur le Par- naſſe, Plus

grand que Mil-ton & le Taſ- ſe ; Plus
grand que Milton & le Taſ- ſe ; Euſſiez-
vous plus d'eſprit qu'- Horace , Pour for- mer un
tendre li-en , Tout ce- la ne ſert de
rien , Tout ce- la ne ſert de rien.
Montrez-vous en grand é-ta- la- ge ; Ayez
un brillant é- qui- pa- ge , Qui dans pa-

ris faſſe ta- pa- ge, Votre ſort ſe-
ra des plus doux ; Vous dompte- rez la
plus ſau- va- ge : Vous en-chaîne- rez
la vo- la- ge, Et tous les cœurs, & tous les
FIN.
cœurs ſeront à vous, ſe- ront à vous. Vous&c.
N° 5.
DIvin Bac-chus, tes enfants ſont heureux, Les vrais plai- ſirs ne ſons faits que pour

eux. Divin Bac-chus, tes enfants sont heu-
reux, Les vrais plai- sirs ne sont faits que pour
FIN.
eux. Des ri- gueurs d'une cru-elle, Tu
sçais nous dé- do- ma- ger ; Tu peux seul
nous déga- ger Des chaî-
nes d'une infi- del-
le : Divin. Les ar-deurs les plus se- crettes Sans

toi ſont ſu- jettes Aux triſtes langueurs ;

Mais ſi tu répands tes faveurs, Peut-on mécon-

noître ta gloi- re ? Du Dieu qui tri-

om- - - - - - -

phe des cœurs, Toi ſeul fais chérir la vic-

toi- re. Divin &c.

Lû & approuvé ce 31 Août 1759. CRÉBILLON.

Vû l'Approbation, permis d'imprimer à la charge d'en. regiſtrement à la Chambre Snydicale, ce 31 Août 1759. BERTIN.

Le Privilége & l'Enregiſtrement ſe trouvent au nouveau Théâtre François & Italien.

Catalogue des Piéces des Comédies Françoise & Italienne, & Opera Comiques qui se vendent détachés.

Du Théâtre François.

DE M. DE VOLTAIRE.

Alzire, Tragédie.
Zaïre, Tragédie.
Mahomet, Tragédie.
La Mort de César, Tragédie.
Hérode & Mariamne, Tragédie.
Rome sauvée, Tragédie.
Semiramis, Tragédie.

Du Théâtre François in-12. *de M. de* MARIVAUX.

Le Pere prudent & équitable.
Annibal, Tragédie.
Le Dénouement imprévû.
L'Isle de la Raison.
La surprise de l'Amour, des François.
La Réunion des Amours.
Les Sermens indiscrets.
Le Petit-Maître corrigé.
Le Legs, Comédie.
Le Préjugé vaincu.
La Dispute.

Théâtre Italien du même Auteur.

Le Triomphe de Plutus.
Le Triomphe de l'Amour.
L'Ecole des Meres.
L'Heureux stratagême.
La Méprise.
La Mere confidente.
Les fausses Confidences.
La Joye imprévue.
Les Sinceres.
L'Epreuve.

Du Théâtre François in-8°. *de M. de* BOISSY.

L'Amant de sa femme.
L'Impatient.
Le Babillard.
Admete & Alceste, Tragédie.
Le François à Londres.
L'Impertinent malgré lui.
Le Badinage.
Les deux Nieces.
Le pouvoir de la Sympathie.
Les Dehors trompeurs.
L'embarras du Choix.
L'Epoux par supercherie.
La Fête d'Auteuil.
Le Sage étourdi.
Le Medecin par occasion.
La Folie du jour.

Théâtre Italien du même Auteur.

Le Triomphe de l'Interêt.
Le Je-ne-sais-quoi.
La Critique.
La Vie est un songe.
Les Etrennes, ou la Bagatelle.
La surprise de la Haine.
L'Apologie du Siecle.
Les billets doux.
Les Amours anonymes.
Le Comte de Neully.
La quatre Etoiles.
Le Rival favorable.
Les Talens à la mode.
Cantatille nouvelle des talens à la mode.
Le Mari Garçon.
Pamela en France.
Le Plagiaire.
Le Retour de la Paix, Comédie.
Le Prix du Silence, Comédie.
La Frivolité, Comédie.

Théâtre François in-12. *de M.* PIRON.

L'Ecole des Peres, Comédie.
Callisthène, Tragédie.
Les Courses de Tempé, Pastorale.
Gustave, Tragédie.
La Métromanie, Comédie.
Fernand Cortès, Tragédie.

De M. de SAINTFOIX.

Le Philosophe dupe de l'Amour, Co
Les parfaits Amans, Comédie.
Alceste, Divertissement.
Les Hommes, Comédie-Ballet.
Les Veuves, Comédie.
La Colonie, Comédie.

De M. de V***.

Les Mariages assortis, Comédie.
La Coquette fixée, Comédie.
Le Réveil de Thalie, Comédie.
L'Ecole du Monde. Comédie.
Le Retour de l'Ombre de Moliere, Co
La Fausse Prévention, Comédie.

De M. DUCHE'.

Absalon, Tragédie sainte.
Débora, Tragédie sainte.
Jonathas, Tragédie sainte.

De M. FAGAN.

L'Amitié Rivale.
L'Etourderie.

La Pupille.
Le Rendez-vous.
La Grondeuse.
L'Isle des Talens.
La Fermiere.

De M. PESSELIER, *in-8°.*

La Mascarade du Parnasse.
L'Ecole du tems.
Esope au Parnasse.
Etrennes d'une jeune Muse.
Le Songe de Cydalise

De M. GUYOT DE MERVILLE *in 8°.*

Les Impromptus de l'Amour.
Les Mascarades Amoureuses.
Le Dédit inutile.
Les Dieux travestis

De M. AVISSE, *in-8°.*

La Gouvernante.
Le Valet embarrassé.

De M. DE LA GRANGE, *in-8°.*

Le Déguisement.
Les Contre-Tems.
L'Italien marié à Paris, Comédie.
L'Accommodement imprévû.
Le Rajeunissement inutile.

De MM. ROMAGNESI & RICCOBONI.

Les Ennuis du Carnaval, Comédie.
Achille & Déidamie, Parodie.
Les Sauvages, Parodie.
Les Fées Comédie.
Les Gaulois, Parodie.
La Fille Arbitre, Comédie.

Pièces détachées du Théâtre François, in-8°.

LE Magnifique, Comédie.
Antoine & Cléopâtre, Tragédie.
La double Extravagance.
Alexandre, Tragédie.
Adam & Eve, Tragédie.
Benjamin, ou la reconnoissance de Joseph, Tragédie.
Amalaric, Tragédie.
Bajazet V. Empereur des Turcs, Trag.
1759.
L'Isle déserte, Comédie.

Du Théâtre François, in-12.

Les Souhaits, Comédie.
Vanda, Reine de Pologne, Tragédie.
Le Plaisir, Comédie avec la Musique.
Le Sot toujours Sot, Comédie.
Caliste, ou la belle Pénitente, Trag.
Cénie, piece Dramatique.
La Fille d'Aristide, 1759.
Le Valet Maître, Comédie.
Varon, Tragédie.
La Métempsicose, Comédie.
Les Engagemens indiscrets.
Les Adieux du Goût, Comédie.
Les Tuteurs, Comédie.
La Folie & l'Amour, Comédie.
Mérope, Tragédie.
L'Avocat Patelin, Comédie.
L'Opiniâtre, Comédie.
Les Vapeurs, Comédie.
La Gageure de Village, Comédie.
La Coquette corrigée, Comédie.
Iphigénie en Tauride, Tragédie.
1759.
Hypermnestre, Tragédie.

Catalogue des Comédies & Parodies du Théâtre Italien, in-8°.

CYbele Amoureuse, Parodie.
L'Ecole de la Raison.
Le Miroir, Comédie.
Le Bacha de Smirne, Comédie.
L'Année Merveilleuse, Comédie.
La mort de Bucephale.
Les Femmes, Comédie-Ballet.
Brioché, Parodie.
Les Jumeaux, Parodie.
L'Amant déguisé, Parodie.
Le Prix des Talens, Parodie.
La Pipée, Comédie.
Musique de la Pipée.
Le Deuil Anglois, Comédie.
La petite Maison, Comédie.
La Sybille, Parodie.
Le Carnaval d'Eté, Parodie.

Du Théâtre Italien, in-12.

La Partie de Campagne, Comédie.
L'Amant Auteur & Valet.
La Gageure, Comédie.
Les Petits-Maîtres, Comédie.
Le Provincial à Paris, Comédie.
La Feinte supposée, Comédie.
La Fausse inconstance, Comédie.
Le Retour du Goût, Comédie.
Les Lacédemoniennes, Comédie.
Le Prix de la Beauté.
La Campagne, Comédie.
L'Epouse suivante, Comédie.
Les Fêtes Parisiennes, Comédie.

De M. FAVART.

Moulinet premier.
La Chercheuse d'Esprit.
Le prix de Cythere.
Le Coq du Village.
Acajou, Opera Comique.
Musique d'Acajou.
Amours Grivois.
Le Bal de Strasbourg.
La Servante justifiée.
Hippolite & Aricie.
Les Batteliers de S. Cloud.
La Coquette sans le sçavoir.
Thésée, Parodie.
Cythere assiégé.
Musique de Cythere assiegé.
L'Amour au Village.
Les Amans inquiets.
Les Indes dansantes.
Musique des Indes dansantes.
Les Amours champêtres.
Fanfale.
Raton & Rosette.
Musique de Raton & Rosette.
Tirtis & Doristhée.
Baiocco.
Les Amours de Bastien & Bastienne.
Le Bal Bourgeois.
Zéphyre & Fleurette.
La Fête d'Amour. Comédie.
Les jeunes Mariés.
La Bohemienne, Comédie.
La Musique de la Bohem. 2 Parties.
Les Chinois.
La Musique des Chinois.
Les Nymphes de Diane.
Musique des Nymphes de Diane.
Ninette à la Cour.
La Musique de Ninette, 4 parties.
L'Amour impromptu, Parodie.
Le Mariage par escalade.
La Répétition interrompue, Op. C.
Les Enforcelés, ou Jeannot & Jeann.
La Nôce interrompue.
La Fille mal gardée, Parodie.
La soirée des Boulevards.
La Musique de la soirée.
Petrine, Parodie de Proserpine.

De M. VADE'.

La Fileuse, Parodie.
Le Poirier, Opera Comique.
Le Bouquet du Roi.
Le Suffisant.
Les Troqueurs & le Rien, Parodie.
Airs choisis des Troqueurs.
Le Trompeur trompé.
Il étoit tems, Parodie.
La nouvelle Bastienne, avec la Fontaine de Jouvence.
Les Troyennes de Champagne.
Jerôme & Fanchonnette, Pastorale.
Le Confident heureux.
Follette ou l'Enfant gâté.
Nicaise, Opera Comique.
Les Racoleurs, Opera Comique.
L'Impromptu du cœur.
Le mauvais plaisant, Opera Com.
La Canadienne, Comédie.
La Pipe cassée, Poëme.
Les Bouquets Poissards.
Les Lettres de la Grenouillere.
Oeuvres posthumes, faisant le Tome quatriéme, contenant les Amans constans jusqu'au trépas, des Fables & Contes, des Chansons avec la musique, & divers morceaux de Poësie, &c.

De M. ANSEAUME.

Le Monde renversé.
Bertholde à la Ville, avec les Ariettes.
Le Chinois poli en France.
Les Amans trompés, Opera Com.
La fausse Aventuriere.
Le Peintre amoureux de son Modele.
Le Docteur Sangrado, Opera Com.
Le Medecin d'Amour.
Les Ariettes du Medecin d'Amour.
Cendrillon.
L'Ivrogne corrigé, Opera Comique.

Suite des Opera Comiques de différens Auteurs.

Le Troc, Parodie des Troqueurs avec la Musique. 3 liv. 12 sols.
Le Retour favorable.
La Rose ou les Fêtes de l'Hymen.
Le Miroir Magique.
Le Rossignol, avec la Musique.
Le Dessert des Petits Soupers.
Le Calendrier des Vieillards.
La Coupe enchantée
Les Filles, Opera Comique.
Le Plaisir & l'Innocence.
Les Boulevards.
L'Ecole des Tuteurs.
Zephire & Flore.
La Péruvienne.
Les Fra-Maçonnes.
L'Impromptu des Harangeres.
La Bohemienne, avec la Musique.
Le Diable à quatre, avec les Ariettes.
Les Amours Grenadiers.
La Guirlande.
Le Quartier Général, Opera Com.
Le Faux Dervis, Opera Comique.
Le Nouvelliste, Opera Comique.
Gilles, Garçon Peintre.
Le Magazin des Modernes.
L'heureux Déguisement.
Les Ariettes de l'heureux Déguisem.
La Parodie au Parnasse.
Blaise le Savetier, Opera Comique.
La Musique du même.
Le Retour de l'Opera Comique.

www.ingramcontent.com/pod-product-compliance
Ingram Content Group UK Ltd.
Pitfield, Milton Keynes, MK11 3LW, UK
UKHW021031180726
13838UKWH00004B/1740

9 782329 310534